大家小小书

篆刻 程方平

中国历史小丛书

新编历史小丛书

新编历史小丛书

谭鑫培

么书仪

著

北京出版集团
文津出版社

目　　录

一、清代戏曲的酝酿期……………… 001

二、清代戏曲的高潮期和变革期… 017

三、清代戏曲的全盛期……………… 032

四、谭鑫培的天时、地利、人和… 038

五、首席内廷供奉的殊荣………… 053

六、民间伶界大王的荣耀………… 062

七、谭鑫培受辱殒命……………… 074

一、清代戏曲的酝酿期

清代京师北京，在唐虞时名为幽州，沿革过程之中的曾用名很多：冀州、蓟、燕、上谷、广阳、涿郡、范阳、燕京、析津、金中都、元大都、北平……都是。

明代的"燕京"，开国时称"北平"，后来称为"北京"，永乐十九年正式成为都城。嘉靖三十二年，于九城之南，前三门（正阳门、宣武门、崇文门）之外，筑"重城"包京城南一面，转抱东西角楼止，重城的修筑，使原本四方形的北京城，变成了"凸"字形。这重城就是明代的"外城"，也叫作"南城"。

清代继辽、金、元、明之后，亦定鼎于北京，不仅城垣建置、九门之名一仍其旧，而且连京师的名称也沿用明代——仍然叫作北京，《大清一统志》说得清楚：

京城周四十里，高三丈五尺五寸。门九：南曰正阳，南之左曰崇文，南之右曰宣武，北之东曰安定，北之西曰德胜，东之北曰东直，东之南曰朝阳，西之北曰西直，西之南曰阜城。明永乐七年为北京城，十九年乃拓其城。本朝鼎建以来，修整壮丽，其九门之名则仍旧焉。

外城包京城南面，转抱东西角楼，计长二十八里，高二丈，亦曰外罗城。门七：南曰永定，曰左安，曰右安，东曰广渠，西曰广宁，在东西隅而北向者，东曰东便，西曰西便。

这里需要说明的是：古代叙述方位左、右的时候，都是以紫禁城的金銮殿为坐标的，所以前门东边的崇文门在左、西边的宣武门在右、左安门在东、右安门在西。

京城"九门"和外城"七门"的

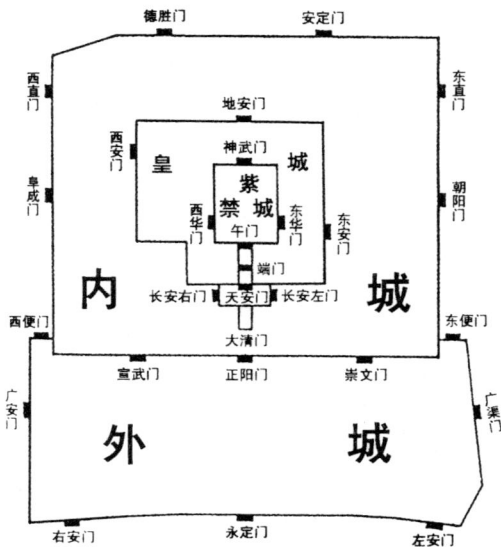

晚清京师的内城九门、外城七门示意图

名称，在民间还有约定俗成的叫法，老百姓把朝阳门还叫齐化门，管阜成门叫平则门，那可是元朝留下来的旧名字，其他管宣武门叫顺治门，正阳门叫前门，崇文门叫哈德门，广渠门叫砂锅门或者沙窝门，左安门叫江擦门，右安门叫南西门，广安门叫作广宁门或者彰义门……

清代京师的"京城"也叫"内城"，由八旗驻防"拱卫皇居"。《八旗通志》说是：

镶黄居安定门内，正黄居德胜门内，并在北方。正白居东直门内，镶白居朝阳门内，并在东方。正红居西直门内，镶红居阜成门内，并在西方。正蓝居崇文门内，镶蓝居宣武门内，并在南方。盖八旗方位相胜之义，以之行师，则整齐纪律，以之建国，则巩固屏藩，诚振古以来所未有者也。

也就是说，按照这样的方位布置八旗军队，可以攻无不克，战无不胜。

清兵定鼎北京以后，多尔衮首先用地毯式轰炸的办法清理了北京城：皇帝住进皇城，八旗军队驻扎内城，而内城的汉族人在三天之内全部迁往外城……（见北京大学历史系北京史编写组编写的《北京史》增订本）这一名为"满汉分居"的政策，是满族贵族在京畿实行"圈占"房屋和土地行为的根据。

域外的历史学家唐德刚在《晚清七十年》中说是:

……公元1664年,当那位不祥的人物吴三桂,引清兵入关时,全部清兵一共只有"八旗"六万人……那时中国本部十八行省人口上亿(十足人口)……

入关的八旗官兵人数六万,面对的却是一亿汉族臣民啊——满族的君主从一开始就把满人和汉人分开居住,可能主要是出于"管理"和"提防"的考虑。

清代的"外城",老百姓叫"南城",由于京师内、外城的居民成分不同,因而分工、职能也不同,内城住着满族统治集团和他们的下属(帝王、贵族、官僚、地主、书吏、太监、差役)以及他们的保卫者——八旗官兵;而"外城"则聚集了汉官、汉人士绅、文士、商户、工匠等。也就是说,"内城"有全国最大量的寄生者,而"外城"则主要是内城居民的"后勤",他们负责维持整个都城的运转……

善于商业构想的汉族人,在不太长的时间里,就完善了南城的建设,使北京南城成长为京师的商业和娱乐中心。

南城成为整个城市粮食、蔬菜,

以及日用百货的集散地，每天忙碌无暇。

南城成为商贾云集、店铺如林的处所，行人如梭、车马如龙。

南城成为饮食胜地，从满汉全席到茶楼茶馆，丰俭齐备。

南城成为娱乐、休闲场所的集中地：听戏、打茶围、走票、看杂耍……应有尽有。

这种情况一直持续到晚清以至二十世纪二三十年代，而清代戏曲的繁荣鼎盛，就发生在这一时期。

清代戏曲的繁荣，呈现出一种与元杂剧、明传奇完全不同的方式：戏曲席卷了整个社会的各个阶层：帝王皇族、高官显宦、书生举子、商贾豪客、平民百姓、三教九流……几乎整个清代，戏曲都带有"流行"和"时尚"的意味，引发无数汉族人和满族人不可思议的兴致，为了听戏、学戏和票戏，投入了不可计数的兴致、精力和财力……

清代从顺治到光绪，九位帝王，再加上西太后，无一例外都是戏曲的爱好者，他们的爱好，使得清代宫廷的戏曲演出热烈、持久而且花样翻新，而宫廷戏曲的排场和热烈，影响和提升了戏曲在民间的地位，鼓励了民间的戏曲演出经久不衰地保持着繁荣昌盛。

……

如果从宫廷演戏的发达来看戏曲发展的脉络：清代的顺、康、雍三朝，可以称作是清代戏曲的"酝酿期"。

一个临时性的戏台和观众。来自于伦敦肯辛顿的维
多利亚和阿尔伯特博物馆一幅十九世纪早期的绘画

乾、嘉、道、咸时期可以视为清代戏曲的"高潮期"和"变革期"。而同、光（包括西太后）时代，则可以说是以宫廷演戏为中心的清代戏曲的"全盛期"了。

顺治皇帝虽然有过爱好戏曲和降旨修改曲本的行为，可仔细清点一下清代帝王对于宫廷演戏制度建设的贡献，应该说还是要数康熙名列前茅。

康熙皇帝不仅首创了"南巡"盛事，而且"南巡"回京时还从南方带回了优美时尚的昆山腔和弋阳腔，由此确立了昆弋两腔为宫廷戏曲的正宗。

管理宫廷演戏事宜同时也是宫廷剧团的"南府"和"景山"两大机构建立于康熙朝。康熙不仅成立了宫廷剧团，建立了宫廷演戏制度，而且开创了从南方挑选伶人和教习的先例。苏州织造李煦曾有奏折上奏从苏州挑选女子弋腔班送进京城的有关事宜，这一奏折存留至今……康熙精通音律，而且还饶有兴趣地下旨修改过《西游记》……这些在文献和档案里都有记载。

现存故宫博物院的巨幅长卷《康熙帝六旬万寿图》是他在庆祝自己六十整寿的时候，以庆寿为由头开启的戏曲进京会演的方式和先例。

《康熙帝六旬万寿图》图长三十八米余，宫廷画家冷枚、徐玫、顾天骏、金昆、邹文玉等，用细描重彩，对当时规模盛大的庆祝活动做了纪实性的描绘：从紫禁城神武门逶迤向西，直至西直门，大道两旁张灯结彩、锦坊彩棚鳞次栉比、亭台楼阁店铺林立、百官黎庶熙攘拥挤……而引起后世戏曲研究者注意的是：戏台高筑、百戏杂陈。

有人仔细地清点过：画卷之上有四十多座戏台正在上演，根据戏台上面的道具、人物、穿着、打扮可以辨认出，当时正在上演的剧目有《白兔记》《西厢记》《金貂记》《安天会》《浣纱记》《单刀会》《邯郸梦》《玉簪记》中的折子戏。这些从元朝和明朝流传下来的杂剧、传奇中的优秀作品，应当是康熙年间民间的流行，也应当是在清宫上演过和被肯定过的剧目。

雍正是第二个对于宫廷演戏建设有贡献的帝王。

雍正为皇子时，曾为恭祝父皇的寿诞，亲自参与编写贺寿的节目，这个剧后来作为贺寿献戏的样板，到乾隆时期还曾经拿出来上演。由此开始，皇帝参加剧目修编的传统，一直持续到西太后主持改编《昭代箫韶》。

而且，在雍正的主持下，清代第一座三层大戏楼——圆明园同乐园中的清音阁戏楼于雍正四年竣工，而这个三层大戏楼应当是体现了雍正皇帝对于未来的宫廷大戏的设想。

经过顺治、康熙、雍正三朝热心于宫廷戏曲制度建设的皇帝近百年的努力，皇室剧团和宫廷演出的各个方面都趋于成熟和完善。下一届皇帝（乾隆）只要在父、祖多年经营的基础上再出一把力，就可以水到渠成地促成清代宫廷戏曲演出的繁盛局面，而好大喜功的乾隆，恰好就是成就这一契机的极好人选。

二、清代戏曲的高潮期和变革期

　　乾隆皇帝对于戏曲可以称作是嗜好，他在位的六十年间，曾经亲自下达和支持实施了不少与戏曲的发展相关的政令，而这些政令对于奠定有清一代戏曲繁盛和酿成清代第一次戏曲高潮都可以说是起到了决定性的作用。

　　乾隆皇帝在位期间进一步扩展和实践了雍正皇帝对于宫廷大戏的设想，他下令在京城和行宫建造了很多各种规模的戏台，扩展了皇家剧团（南府、景山）的规模，建立完善了宫廷和行宫的演戏制度，指派词臣编写"节戏"和"宫廷大戏"，在扬州组织官修戏曲，把审查和改定全国的剧本作为纂修《四库全书》的组成部分……他还仿效康熙的样子用庆祝皇太后的"慈寿"和自己的"万寿"的机会鼓励全国各地戏曲进京会演……

他把前几代帝王对宫廷演剧的理想，加以实现并且发挥到极致，实现了以宫廷戏曲演出为主要推动力和表征的清代第一次戏曲高潮。

漫长而且轰轰烈烈的乾隆时代使嘉庆皇帝一生都笼罩在父亲的阴影之中，父亲所取得的辉煌，他永远也达不到，他三十七岁即位，却是直到四十岁乾隆死去之后才算是真正掌权。他继承父亲留下的一切，包括那不再能使皇室成员感到兴奋的宫廷剧团的陈旧演出、已经不再是大清帝国向诸外藩属国炫耀窗口的大而无当的皇家剧团，以及昆弋"雅部"已经落后于当时的民间舞台而失去了活力的事实。

从有关的宫廷档案的"缝隙"间我们可以发现，极盛难继的嘉庆在执政的二十一年中，不事声张地将剧团民籍伶人裁减了一半，也悄悄地把时尚的"侉戏"乱弹引入了宫内。

嘉庆之后的道光皇帝，对于清代宫廷剧团的改革是实质性的：第一，他撤销了南府、景山两大机构，降低了取而代之的升平署的级别。第二，他使宫廷演剧的规模缩小和从简，取消了部分全国性的献戏活动。虽然不能说完全破坏，至少是相当程度拆解了乾隆时期确立的演剧规模和体制。

在我看来，这些变革表现了嘉庆时期已经开始的、父子两代皇帝的共同谋略。从清代宫廷戏曲的存在情况来看也可以说，嘉庆是一个时代的结束，道光则是另一个时代的开始。

出现这些情况的根本原因还在于，戏曲史上"昆乱易位"状况的发生，影响所及动摇了昆弋的权威地位，并且给宫廷演剧带来冲击。道光皇帝的作为，不论从原因还是从结果上说，都是削弱和动摇了昆弋在皇宫中权威地位的根本。

　　道光皇帝比嘉庆有决断，他对戏曲有更大的兴趣，也更有艺术鉴赏力。自道光七年至宣统三年，正是昆腔弋腔逐渐衰退，而徽班的乱弹逐渐兴盛以至成熟的时期。所以，道光裁撤以昆弋为主要演出剧目的皇室剧团的这一变革，实际上与戏曲史上"昆乱易位"的过程同步。

　　咸丰皇帝是又一个实质上的宫廷戏曲变革者，在咸丰十年英法联军攻占天津（庚申之变）国难当头的日子里，咸丰帝从八月初八日"驾幸热河"起，至第二年七月十七日"驾鹤西归"止，在不到一年的时间里，热河行宫共演出昆弋、乱弹剧三百二十余出。这是清宫演剧史上最疯狂最热烈的一页，也是升平署中二百余名伶显示出惊人活力的一幕。

赶到热河为咸丰皇帝演出的并非宫廷剧团的全班人马，取代宫廷剧团的二百余名伶人绝大多数是从京城名班就近遴选的优秀伶人。这一新的宫廷戏剧演出机制的尝试，虽然由于咸丰的驾崩而宣告中断，然而，他的改革举措对后来宫廷戏曲演出的示范作用却是不可忽视的，这个方式的三大优点显而易见：

第一是动作快效率高。清代前中期宫廷内外的戏曲演出均以昆弋两腔为正统，宫廷剧团的名演员、名教习、名随手（乐队及后台勤杂人员），甚至乐器都要从江南运送至京城，入选的演员多半在十二三岁，长途跋涉、水土改变、进宫当差的礼仪训练，再加上技艺上的培训……没有几年的工夫上不了台。而咸丰从京城之内的名班选择正在台上走红的名演员入宫承差，进宫时每人都带着擅演的戏目，上午受命下午就可以上台，这真是省了几多的麻烦。

第二是节省资金。始于康熙南府时代的南方民籍学生待遇优厚，新选入宫的学生，入京前由江南织造统一发给北方的御寒衣物、生活用品及置办零星物品的银两。到达京城以后，与家乡的书信往来、银钱、用品、食物的传运，都由织造便船随时递送。民籍学生在京城站住脚跟以后，就由南府安排住房，家眷也会逐渐接到京城。教习和演员一门几代传下去，吃、住都由国家解决，病故之后，织造的便船还要将灵柩运回南方进行安葬……生老病死，诸事多多。

授艺教习每月有四两至四两五钱银子的"月俸"，有顶戴的伶人会有相应的六品、七品、八品职官待遇，学生也都有规定的待遇，所需的钱银就更多了。嘉庆时，一般教习学生的俸银大多数定在二两至二两五。道光七年以后，升平署人员裁至百人，每年支出的钱粮便只有二千两了。

王芷章《清升平署志略》中说"全南府人数确额，虽亦在不可知之列，论其大概，要自不下一千四五百之谱"，如果假设乾隆时期，教习的月俸不低于康熙时代，人数按十至十五倍翻上去计算，乾隆时代南府、景山两大机构，每年的开支应当是白银四万至六万两。这样看来，咸丰皇帝在京城就地取材进宫承应演出的方法，真是又经济又便利的法子。

第三是有利于追赶俗间戏曲演出的时尚。乾隆皇帝建立皇家剧团的初衷在于表示其权威性，指令词臣编写承应戏，意在保证艺术品位的上乘，从昆弋的故乡选取教习和伶人，意在网罗昆弋的经典表演和剧目……然而他却没有意识到，戏曲从一开始就是一种艺术消费品、一种与都市经济和生活方式共生的通俗文艺形式，它的生命力在于与乡镇、城市俗间观众的互动关系所形成的流动和更新的机制。当皇家剧团显现了它的规模气派的同时，封闭和停滞也同时发生，与民间演剧所具有的活力相比，它的优势也逐渐失去，以致变得陈旧而且僵化。

　　与俗间戏曲相比，乾隆中期以后，民间演剧的热点开始从昆弋向乱弹转移，戏曲中心地域也从南方北移到京师。京城之内演剧发生的昆弋之变、花雅之争，以高腔、秦腔、乱弹竞胜争妍为推动力的演剧高潮的不断变易，经典剧目的不断刷新，都使俗间戏曲演出代替宫廷而成为时尚的引领。相对而言，宫廷演剧的优势已不复存在，咸丰从民间的名班直接调演名剧，是最直接最有效的追逐时尚之路。

如下的数字或许可以证明咸丰时期宫廷对俗间戏曲的倾心：咸丰在热河期间由升平署主持演出的三百二十出戏中，有一百出乱弹戏。在《〈都门纪略〉中之戏曲史料》统计中，这一百出戏中有二十五出是道光二十五年时三庆、春台、四喜、和春、嵩祝、新兴金钰、双和、大景和等八个戏班的名演员的"拿手戏"（代表作），有二十出是直至同治三年还名列三庆、春台、四喜、嵩祝成、久和、小福胜、万顺和七个戏班的名演员的"拿手戏"，这出戏应该算是当时俗间正在走红和将要走红剧目中的精粹。

因为周明泰《道咸以来梨园系年小录》"道光四年甲申"目下记载着

紫禁城畅音阁三层戏楼，是宫中最大的戏台

紫禁城畅音阁后台以及演戏所用的戏衣和
道具

"退庵居士藏旧戏目一册，系道光四年庆升平班领班人沈翠香所有之物"，戏目共二百七十二出，可见道光年间的戏曲名班至少也要能演出二三百出戏，才能在社会上站住脚跟。由此也可以推断：《〈都门纪略〉中之戏曲史料》中"道光二十五年"列出的八十七出戏目中，所涉及的八个戏班，和同治三年列出的一百七十一出戏目中所涉及的七个戏班，可以演出的戏目至少应在千种以上，而"八十七出"和"一百七十一出"都只是主要演员最主要的代表作。因此，我们完全可以相信，咸丰在热河倾情观看的一百出乱弹戏，都是当时民间最著名的演员演出的最走红的流行剧目。

可以说，咸丰对于宫廷演剧制度的新构想已经付诸实践，"昆乱易位"在宫廷演剧中也已经完成，而实际上在道光、咸丰时期，宫廷演剧制度的变化与民间京剧的形成、走红互为表里。

三、清代戏曲的全盛期

在同治二年，咸丰帝服期已满的七月二十二日，"由内阁抄出"的两宫皇太后"懿旨"宣布："咸丰十年所传民籍人等着永远裁革。钦此。"遣散了所有"外学"名伶之后的内廷演剧，又恢复了节制的状态，只在节令演献戏、宴戏和点缀几场必不可少的承应戏，仍然由原升平署演戏的太监担任，所演之戏亦仍旧以弋腔、昆腔为主，同治在位的十三年中，清廷演剧这样的清减状态应当是与慈安太后的主政有关。

　　根据今存档案可以知道，从东太后服期过后的光绪九年起，宫中恢复了高密度的演戏状态，从光绪十九年开始，西太后开始频频传民间戏班整班进宫演戏，这也是对咸丰思路的发扬光大。当时在民间走红的戏班子三庆、四喜、双奎、双合、春台、福寿、小丹桂、小天仙、同春、广和成、玉成、宝胜和、义顺和、万顺奎、万顺和、永胜奎、吉利、全胜和、太平和、鸿顺和等等二黄班和梆子班，都有过全班被传进宫"供奉内廷"的荣幸，然而他们没有"供奉"的头衔，也没有"俸米"可吃，和营业演出的不同之处只是那收入叫作"赏金"。

　　传民间戏班进宫演戏的做法截止到"庚子变乱"，庚子为光绪二十六年（一九〇〇），之后的宫廷演剧又恢复到光绪十九年以前的状况，主要由升平署和"内廷供奉"担当，"两宫回銮"（指庚子变乱时，西太后和光绪出京避难之后的回京）之后，民籍教习仍然照常供奉，不再传叫外班。

　　事实上，从光绪九年开始的宫廷演剧演艺人员由内廷供奉担当的构成和方式已经与乾隆时代大不相同——内廷供奉不是专职而是流动的，他们同时供职于宫廷和民间；演出剧目是变化的，主要是在民间流行的走红剧目；这些演员一直保持在五六十名至八九十名，加上"随手"（后台勤杂及乐队）八九十人和"筋斗人"（专门翻跟斗）五六十人左右，内廷供奉的人数虽然只是民间剧团的两倍（当时的民间戏班子人数大约是一百人左右），但阵容却非任何一个民间剧团可以相比——当时民间即使像三庆、四喜这样的名班大班，也是各行当只有一二至三五个名伶，每个戏班能演剧目有二三百出戏，常演剧目不过数十出至百出左右而已。可内廷供奉个个都是名伶，所能搬演的剧目总数远远超过任何一个民间戏班。

今存的《升平署剧本目录》近四百种，这四百种剧目都是经过供奉们的筛选，写出本子交到升平署，经过检查之后没有违碍者，被允许在宫廷上演的剧目。而实际上他们能演的剧目远远

不止此数，进入宫廷承应演戏的民间名
伶，把民间剧团的拿手戏和流行的新戏
都带入了宫廷。

从咸丰十年开始实行的，民籍学
生被传差进宫承应演戏，唱完退出，对
民籍学生留在宫内当差"不必勉强，亦
不准勒派"的新规矩，给了名伶自己选
择的机会，也从根本上改变了南府时代
的民间艺人，一入皇门便终生或几代人
与世隔绝的常规，开始了升平署在管理
上的"开放"。

这种制度到了西太后时代，"开
放"的幅度越来越大，流动于宫墙内外
的内廷供奉取代了皇家剧团的权威地
位，原来的皇家剧团极度萎缩成为南府
以来旧例的遗存，在很长的一段时间

里，内廷供奉、皇家剧团与西太后的
"普天同庆"太监科班的三足鼎立，成
为宫廷演剧的主体。

从光绪九年开始，西太后以"戏
迷"和"票友"的热情和帝王的身份，
对于宫廷戏曲演出经营了整整二十五
年，应当说，她在建立新的宫廷演剧制
度，促成京城京剧鼎盛局面的出现上起
到了至关重要的推动作用……

实际上，是清代的帝王们引领着
戏曲，成为整个京城的兴奋点和谈论中
心，造就了晚清至二十世纪二三十年代
京师戏曲的辉煌时代。

四、谭鑫培的天时、地利、人和

在京剧史发展的过程中，出现过许多富有表演天赋的演员，他们的出现使得京师的京剧舞台上异彩纷呈。

按照《中国京剧史》的说法：中国京剧形成期的代表性演员是余三胜、程长庚、张二奎，俗称"三鼎甲"或者"前三杰"，他们代表了道光（晚期）、咸丰、同治时期的艺术顶点；成熟期的代表性演员是孙菊仙、谭鑫培、汪桂芬，俗称"后三鼎甲"或者"后三杰",他们是光绪直至民初时候的艺术高峰。

根据时人或者后人的文字记载,从舞台演出艺术上说,前、后"三鼎甲"都可以算是技压群芳的顶尖名伶,当然,他们的唱、念、做、打各有特色,他们在戏曲史中被叙述的也不一样。

在"三鼎甲"中,程长庚的知名度最高,因为他在艺术上成名之后的活动时间最长,而且身为三庆班的老板、精忠庙的会首,理所当然地担当了那个时期以及后世的戏曲史上的梨园领袖;在"后三鼎甲"中,以谭鑫培的成就最高,因为他从知名到成名,在舞台上活动的时间最长,从光绪之初一直到民国之初，他都是独一无二的"伶界大王"。

谭鑫培籍贯湖北江夏，出生于道光二十七年（一八四七），在他出生的时候，"三鼎甲"已经是大红大紫、名满天下的名伶了。

道光、咸丰时期，谭鑫培的父亲谭志道在京师四大徽班之一的程长庚的三庆班唱老旦。谭志道在三庆班不怎么拔尖，声音也不怎么好听，外号"叫天子"除了说他嗓音尖厉之外没有多少褒义，可是，单单是他带着谭鑫培栖身于京师名满天下的三庆班这一点，就为谭鑫培日后的发展，创造了"地利"的优势——争名者趋于朝，争利者趋于市，"名"和"利"都需要在京城争逐和被认定，身在京师的名班也是不可多得的条件啊！

谭鑫培在"三鼎甲"走红的氛围中长大成人，从小到大，在三庆班——程长庚的戏班子里，听的看的都是第一流的名伶演出，耳濡目染都是"三鼎甲"各自的长处，他有机会成为程长庚的弟子，程长庚长于因材施教，而且有不嫉妒、不压抑贤才的高贵品质；也有机会和时间转益多师博采众家之长：学习程长庚的声情交融、身段做派，学习王九龄的文武兼擅、戏路宽广，学习余三胜的发音吐字唱做兼能，学习卢胜奎的讲究体味剧情戏理，学习小荣椿班主杨隆寿的拿手好戏《翠屏山》，学习梆子老生郭宝臣的绝活《空城计》……

伶界大王谭鑫培

在谭鑫培将近二十岁的时候，余三胜、张二奎去世，在他三十四岁艺术上达到成熟的时候，程长庚魂归道山，"三鼎甲"时代的终结为"后三鼎甲"的发展腾出了空间，从这一点来说，谭鑫培是"生逢其时"，这也就是他的"天时"了。

谈到"人和"，那是指谭鑫培自己的天分和学力。

上天没有赐给他一副富有阳刚韵味的、犹如黄钟大吕的好嗓子，却给了他一种带有阴柔意味的、能够承载丰富内容富有感染力的声音；上天没有给他上学识字的机会，却给了他过人的记忆能力、领悟能力、应变能力和探讨精进的性格，这性格让他一生受用不尽。

谭鑫培在梨园世家的环境里长大，自幼使枪弄棒、耳濡目染，并不缺乏伶人子弟童子功的武功功底和丰富的戏曲知识。他初学老生，二十多岁开始到天津闯荡江湖，虽然是年轻气盛，但毕竟是火候未到，而且当时"三鼎甲"还正在走红，几年间他没有开辟出自己的地盘，便又回到北京，在父亲的荫庇之下加入了永胜奎戏班子演配角。

不久，他的嗓子"倒仓"（男演员在青春期的声音变调过程）了，哑得唱不出声音，幸而他有武功，搁下老生就成了武生，他的武生戏《恶虎村》《骆马湖》《连环套》都不错，而且他的武丑也还过得去，有一次何桂山演《钟馗嫁妹》，谭鑫培扮演钟馗脚下踩着的小鬼——没有一条好嗓子，在京师的舞台上，特别是老生强手林立的时代很难出人头地。

"宁为鸡头不做凤尾"的谭鑫培不愿意这样在北京混，于是离开北京，加入了跑江湖卖艺的"粥班"（到乡下各村和小市镇演出的流动戏班子）去跑野台子，在那里他是绰有余裕的群鸡之鹤，他的与众不同能让粥班放出异彩。

这一时期，他还曾经在丰润县（今河北省唐山市丰润区）史姓的家里当过护院，可见他的武功并不只是舞台上的把戏，还具有实用价值。护院期间，他与同伴精习武术，没有忘记提高武生的功夫，这使得他日后回到京师舞台上时，把《秦琼卖马》之中秦琼的铜、《杀山》之中石秀的刀都舞得精到绝伦。

出京在外的时候，他从未忘记自己的本行——他是老生，得天天喊嗓子；他是武生，得日日练武功……跑野台子和看家护院对于他来说，不是退避而是历练。

他的嗓子渐渐地有了好转！

也许是因为在北京有过被何桂山踩在脚下的不光彩的记忆，所以谭鑫培嗓子好转以后没回北京而是去了上海，在上海他遇到了孙六儿（孙春恒）。

孙六儿告诉他：自己的嗓子"倒仓"之后，一度失去了叫座能力，但是他别出心裁，以低柔和美的新腔来唱老生，居然受到了欢迎……

这件事让谭鑫培好生思索：当时京师的"三鼎甲"都有一条好嗓子，余三胜嗓音沉雄、余音绕梁，程长庚嗓音洪亮、穿云裂石，张二奎嗓音宽阔、奔放粗犷——那时候没有音响设备，想要把一千多人的戏园子灌满了，非得有一条好嗓子不可，所以声音沉雄激昂、犹如黄钟大吕就被确认为是好老生的正宗。

孙六儿的别出心裁也可以走红这件事，给了谭鑫培一个很大的暗示：天赋虽然不可改易，可是歌音并不是拘于一格，重要的是要善于用嗓、善于变化，出奇制胜照样能够叫座——上海如此，北京自然也可以如此！

在上海，谭鑫培在演出上碌碌无奇，但是与孙六儿的声腔研讨却是大有心得——这是一个使他的艺术生命变易升腾、直上九霄的转机。

经过历练增长了见识的谭鑫培又一次回到北京进入了三庆班，他一边师事程长庚学习老生戏，一边演练武生戏，他又一次得到了程长庚的扶掖教导，也又一次得以转益多师、博采众长、事半功倍……

齐如山在《清代皮簧名脚（角）简述》中说：

> 他有了一种很甜亮的嗓音，而又能择善而从，凡前辈脚（角）色的长处，他差不多都

能吸收，如《昭关》等悲壮苍凉的腔，则完全学程长庚，二六原板的活泼腔，学的卢胜奎，反二黄几个高腔，完全学的王九龄，快板的疙瘩腔，学的冯瑞祥，做工表情，多学崇天云，飘洒的地方，是学的孙小六［上海脚（角）］，甩须、甩发，耍翎子，乃学的鞑子红［梆子班名脚（角），搭瑞盛和班］，吸收了许多人的长处，又自己加以锤炼熔化……

光绪五年末（阳历已经进入了一八八〇年）程长庚去世了，那一年谭鑫培三十四岁——正值盛年，已经出落得才艺精湛!

他的嗓子已经练得润泽而且悠远，发音吐字与唱腔相随，唱腔回环与人物的内心情感相互关照。无论念白、唱腔，声、字、韵都极其清晰、有骨有肉、越听越有味，唱原板与快板时浑圆里含着刚劲，简洁里又是无限缠绵，特别是快板，口齿清、音节准、字音真、能传神，如丸走坂，找不到他运气的地方……真个是一曲终了荡气回肠，能够把板腔体的京剧唱成这样，真不容易!

他的表演已经可以做到"手、眼、身、法、步"与锣鼓、人物、剧情打成一片，形影相随、合而为一。

他的武打已经做到了枪棒快捷、手法纯熟，一招一式都显示出博大精深、炉火纯青。

按照自己的擅长，他有了自己的一批拿手戏《李陵碑》《空城计》《秦琼卖马》《洪羊洞》《捉放曹》《南天门》《乌盆计》《桑园寄子》《四郎探母》《战太平》《南阳关》《定军山》《阳平关》《战长沙》《胭脂褶》《打严嵩》《盗宗卷》《乌龙院》《清官册》《群英会》《八大锤》《天雷报》《打渔杀家》《宁武关》……这些戏中跌宕起伏的悲情、英雄末路的感念与他曲折婉转、回荡抑扬的声音和唱腔正相适合……

他的拿手戏虽然只有几十出，可实际上，天分厚、学力深的谭鑫培会戏三百余出！三百余出戏的人物、剧情、道白、唱词、舞台演出……都能够牢记在心——他可是不识字啊！

程长庚去世之后不久的三庆班，老生、武生死的死老的老，只有比他年长三岁的杨月楼可以与他匹敌。杨月楼受程长庚的遗命担当了三庆班班主，谭鑫培就改搭了四喜班——他也许是不愿意屈居于杨月楼之下，也许是想要去闯自己的天下。

五、首席内廷供奉的殊荣

程长庚死后的十年间，"三鼎甲"时代的老生名宿一一凋谢，连杨月楼也英年早逝，与此同时，谭鑫培的时誉却与日俱增。

新的浮出水面的"后三鼎甲"是：谭鑫培、孙菊仙、汪桂芬。

孙菊仙票友出身，花腔不多但是声音洪亮沉厚、感情充沛，很有他的观众，但是声音发苦，能文不能武是他的缺点；曾经是程长庚琴师的汪桂芬中气充足，声音雄劲激越，虽然不用花腔，但是声音之中自有感染力，特别是唱王帽戏（帝王戏）时声音雍容华贵，也有自己的观众，只是武生功底不及谭鑫培。孙菊仙和汪桂芬的唱做常常显得千篇一律，赶不上谭鑫培在不同的戏里唱腔各有分别，不同的人物神情各自不同，不同的开打也是各有绝活……相比之下，谭鑫培的文武带打昆乱不挡，花腔的曲折婉转如泣如诉对于更多的观众具有更长久的吸引力。

光绪十六年（一八九〇）谭鑫培四十四岁，当他在民间已经走红到风靡京师的时候，被挑选为内廷供奉，这是他命运之中的又一个转折。

进宫之初他首演《翠屏山》，一

趟单刀耍得纯熟边式（到位利落好看）就让老佛爷高了兴——那与众不同的六合刀的刀法来自于少林寺方丈的亲授，老佛爷当时就赐名"单刀叫天儿"（老佛爷的赐名是褒义，与谭志道的外号"叫天子"完全不同）。

和民间一样，西太后对于谭鑫培的迷恋也是越来越深，当民间上自王公大臣下至贩夫走卒，闻谭之歌靡不欢呼雷动的时候，西太后对他也是"传差"越来越频繁、赏钱总是第一档，凡事都是恩宠有加，传说西太后还赐给他"黄马褂"，赏食"六品俸"！开历来伶人未有之恩宠先例。

传说有一次内廷传差，按照规定伶人必须黎明即至，否则就要受罚。谭鑫培"误时"（迟到）数传未至，直到中午方才仓皇赶到，内务府大臣告诉他：老佛爷已经问了三四次，大家都无言以对，误时是老佛爷最不高兴的事情了。谭鑫培正在忐忑不安，便听得传旨让他见太后，谭鑫培硬着头皮叩首完毕，太后就问他为什么误时，他实话实说：夜里做梦睡不安稳，早上未能按时起床，儿女不敢叫我所以误时，犯了死罪。不料西太后听完之后说是：家有家规不可错乱，叫天儿治家有方，赏银百两……谭鑫培出来松了一口气。大家都说：能够让老佛爷变罚为赏，也就是谭鑫培能够做得到。

另一次是在庚子年（一九〇〇）之后，朝政革新力行禁烟，违令者科以重刑。谭鑫培烟瘾已深戒之不去，一日传差，谭鑫培请病假缺席，西太后询问是何病症，宫监说：正在戒烟，精神不好不能上台。西太后说：他是一个唱戏的，又不管国家大事，抽烟有什么关系？传他抽足了进来吧！并且命内务府传话地方官：以后不得干预谭鑫培抽烟。那天，谭鑫培抽烟、进宫、唱戏之后，西太后特赏大烟土五块。从此以后，上上下下都知道，谭鑫培是"奉旨抽烟"，谁也不敢管他了。

谭鑫培得到西太后的赏识，成为大红大紫的内廷供奉之后，各王府宅门，对于谭鑫培都另眼看待，不仅各府家中演堂会时一定有谭鑫培的戏，而且他的报酬丰厚也是与众不同。

当时，受到西太后另眼看待的谭鑫培，在人生的舞台上，演出了不少富有传奇色彩的故事，这些故事由于与他内廷供奉的身份、与达官显贵或政治背景相关而具有特别的传播力和生命力。

传说光绪戊申年（一九〇八），袁世凯五十寿辰办堂会，找了最好的戏班子和最好的名伶演戏，戏提调那桐和老谭开玩笑说：今天是宫保的寿诞，老板能不能唱个"双出"（两出戏）为堂会增色？谭鑫培本不想唱双出，可是也不想拂了那桐的面子，就也开玩笑说是：那除非中堂给我请安。那桐当时就屈一膝向谭鑫培说：老板赏脸！本来两个人的"玩笑"就都是半真半假亦真亦假，那桐一跪就把事情演真了，谭鑫培话已出口不能反悔，那天就演了两出。大家都称赞那中堂真有能耐，会办事。

当时，袁世凯任军机大臣、外务部尚书，正是炙手可热的时候。那那桐也是内务府满洲镶黄旗举人出身，内阁学士兼值总理各国事务衙门，好生了得的人物，谭鑫培倚仗自己是西太后的红人，敢于以调侃的方式给那桐出了一个难题，满心觉得那桐怎么也不会肯向一个戏子"请安"，才故意这么说，没想到在旗人那桐的心里，"戏子是贱民"的概念并不像汉人那么深厚，他把开玩笑向名伶老谭屈膝请安压根儿就没当回事，结果，这次堂会不仅袁世凯高兴，周围人连听老谭双出也高兴，那桐的戏提调做得出人意料高兴，老谭虽然实际

上是吃了亏，但却赚足了面子——有兴
致连唱"双出"证明他也高兴。

传说光绪宣统之间，庆亲王给他
的姨太太做寿办堂会，庆王府灯红酒绿
贵客满席，谭鑫培到达的时候，庆亲王
立即亲自跑到仪门迎接，然后和谭鑫培
携手走进来，牵累得文武百官都侍立着
不敢先行一步……庆亲王把谭鑫培带到
一间抽大烟的屋子里，用名贵的烟具、
烟土招待老谭抽大烟，然后才开始演
出。庆亲王对于老谭的恭维和礼仪，也
让老谭面子十足。

谭鑫培出入皇宫大内成为内廷供
奉的"首席"，与许多王公大臣朋友相
交弟兄相称，庆亲王的手拉手、那桐的
请安都成为一个个神话，这些神话使谭

鑫培在上层社会身价百倍：谭贝勒、谭状元、谭大王、谭教主……王公大臣上上下下，大家都乱拍一气！老谭明白：这一切都源于老佛爷的特别恩宠，所以天性骄傲的谭鑫培对西太后始终心怀感念。

六、民间伶界大王的荣耀

谭鑫培为晚清伶界第一人，唱念做打俱臻绝顶。他是光绪年间持续走红的老生，而且是越老越红。他的艺术逐渐臻于化境，自有许多其他人不可力致的独到之处。

他在戏班子里即使是常演的剧目也各有特色与众不同：《李陵碑》《空城计》《秦琼卖马》《洪羊洞》《捉放曹》《南天门》《乌盆计》《桑园寄子》《四郎探母》以唱腔独步一时；

《战太平》《南阳关》《定军山》《阳平关》《战长沙》以唱腔和靠把见长；《胭脂褶》《打严嵩》《盗宗卷》《乌龙院》《清官册》《群英会》《八大锤》《天雷报》《铁莲花》以念白、表情、做工取胜；《琼林宴》的丢鞋恰恰落在头顶是一绝，《王佐断臂》的抢背迅疾自然只此一家，《翠屏山》的六合刀刀功无人能比，《秦琼卖马》的撒手锏锏法独树一帜，《南阳关》中的长枪、《打渔杀家》的单刀、《骂曹》的击鼓、《碰碑》的丢盔卸甲、《盗魂铃》的趋步、《乌盆计》服毒时从桌坠地仍然衣褶有序、《定军山》开打时候背上的靠旗丝毫不乱……都是独一无二的绝技。

谭鑫培饰演《定军山》中的黄忠

　　有一年，谭鑫培在文明茶园演《辕门斩子》，当时正在走红的刘鸿声在第一舞台也演《辕门斩子》，两个戏园子相距咫尺真有点唱对台戏的味道。刘鸿声自以为"三斩"是自己的拿手戏，凭着自己的好嗓子足与老谭抗衡，于是他把自己的戏码故意压后，等待着观众看完老谭之后再来看自己。

　　《辕门斩子》是一出表现心理内容的戏，穆桂英进帐兵谏的时候，杨六郎处境极为复杂：杨六郎挂帅出征是为了破辽国的"天门阵"，派儿子杨宗保前往穆柯寨索取降龙木是为了给助阵的杨五郎制作斧柄。杨宗保被穆桂英擒拿之后，杨六郎为了解救儿子，又被穆桂英在阵前枪挑马下大败而回。穆桂英爱慕杨宗保，自己愿意敬献降龙木给杨六郎，并且去破天门阵，条件是要求与杨宗保结亲。杨宗保在答应穆桂英之后回营，杨六郎恼羞成怒，将杨宗保推出斩首，罪名是"阵前招亲"。山大王穆桂英带了降龙木前往宋营求情兵谏……身为大宋元帅和穆桂英的公爹、自己和儿子杨宗保又全是穆桂英的手下败将、下令斩子之后已经拒绝了所有帐下将领的求情……杨六郎此时此刻的心情是"进退两难"。谭鑫培饰演的杨六郎转身背立观众，虽然是一言未发，然而杨六郎的风度和尊严、心情的复杂和尴尬全写在背上。

刘蛰叟在《戏剧月刊》"论老谭独到之处"一文记录了这场"对棚"的

结局：好事者在看完老谭的《辕门斩子》之后，又去看刘鸿声饰演的杨六郎，刘鸿声饰演的杨六郎在穆桂英进帐时"推冠覆额、伸项张手、状如小丑，夫延昭（杨六郎）以元帅身份，诸将环侍白虎堂，何等森严，且与桂英有翁媳尊卑之别，虽事出不意，亦何至张皇失措致碍观瞻，较之顷间老谭之做派，雅俗相去何啻天渊，故不俟终幕，座客已散去大半矣"。名角做工不外通情达理恰如其分，若毫无意识自作聪明，未有不贻笑大方者。

谭鑫培对于戏中人物的体会深入骨髓，上了台不仅脸上有戏（面部表情）、身上有戏（身段表演），而且骨骨节节都是戏。内廷供奉钱金福说是：

鑫培脸上戏最好，如《定军山》去黄忠，脸上有英武之气；唱《哭灵牌》去刘备，脸上有悲戚之容；唱《空城计》去诸葛亮，脸上有威严气象，一戏是一戏的脸，恰如其人，故难能而可贵。演戏最忌雷同，腔调虽妙不可重歌，身段虽佳不能复用，所谓数见不鲜令人生厌。

谭鑫培在舞台上很有聪明快捷、应变得当的口碑，传说故事也很不少：

有一次，上演《辕门斩子》在"急急风"的锣鼓点里，杨六郎和焦赞、孟良同时上场，扮演杨六郎的老谭升帐之后，发现扮演焦赞的演员没有戴"髯口"（胡子），就对焦赞说："你父亲往哪里去了？快快与我唤来！"焦赞才得以到后台去挂了髯口再上，避免了台上的尴尬，观众也为老谭的处理方式叫绝。

又一次，上演《文昭关》，伍子胥应当佩带宝剑，老谭却误佩了腰刀，上台之后原有的四句唱词之中偏偏还有宝剑："过了一天又一天，心中好似滚油煎，腰中枉挂三尺剑，不能报却父母冤。"老谭开口之前本来应该手抚宝剑却摸到了腰刀，心里一惊连忙改了唱词："过了一朝又一朝，心中好似滚油浇，父母冤仇不能报，腰间空挂雁翎刀。"台下内行的观众心知肚明，都为老谭的聪明智慧叫好不迭。

再一次，上演《黄金台》，谭鑫培鸦片没抽完仓皇上场，头上只束着网巾忘了戴乌纱帽，一出场观众就发现了，他自己也发现了，于是他赶忙加了两句"引子"："国事乱如麻，忘却戴乌纱。"不露痕迹而且贴切剧情，观众只能将"倒好"（观众发出的不满叫声）换成了对于天才的钦佩和赞叹！

……

这一类本来是老谭在舞台上发生错误的故事，可是在观众那里却变成了很智慧、很有意思、脍炙人口的传奇，传来传去为老谭增色。

按照清代娱乐业的商业规则，一个唱戏的伶人如果"能叫座"（观众冲着他买戏票）就是成功，偶尔在台上出了纰漏，也可以得到观众的谅解不叫"倒好"，这就是"有人缘"。这些谭鑫培都做到了，能叫座的结果是谭鑫培的"戏份"（每天的报酬）节节攀升。

同治至光绪之初，谭鑫培的戏份仅有当十钱四吊至八吊，庚子增到七十吊或者一百吊，光绪末到宣统初增至二百吊以上。

堂会收入更是变化惊人：光绪中叶他不过十两银子，庚子以后猛增到一百两，宣统初年增至二百两、三百两、五百两，在那家花园刘宅堂会，一出《武家坡》主家付给老谭七百二十元——简直是"天价"。

齐如山在《谈四脚（角）》"谭鑫培"文中记载：有一次，谭鑫培唱堂会，是陈德霖代约的，唱完之后，陈德霖送去三百元钱，谭鑫培说："德霖，别管人要这么些个钱哪，要得人家不敢找了，那可不好。"看来老谭并不是贪得无厌的人！事实上，那一次堂会单单是谭鑫培就得了七百元，有四百元是打点老谭的兄弟姐妹的——一家人都在"吃"老谭……老谭好像并不知道？唉！大有大的难处，家家都有一本难念的经啊！

可以说，谭鑫培靠着"天分"和"努力"攀升到梨园界老生行的最高峰！

当时，对于谭鑫培的艺术处于峰巅的描述各种各样：

民国二十一年（一九三二）的《剧学月刊》上的"米汤大全"说是：

三十三天天上天，玉皇头戴平天冠；平天冠上树桅杆，鑫培站在桅杆巅。

梁启超说过：四海一人谭鑫培，声名廿纪轰如雷。

上海报人狄楚青说过：国自兴亡谁管得，满城争说叫天儿。

……

"伶界大王"的尊号是黄楚九（上海"新新舞台"老板）给上的，这四个字火辣辣的，也有点俗，可是，老谭真可以说是当之无愧，当时的戏曲界确是无人能望其项背，称谭鑫培"大王"可以说是实至名归。

七、谭鑫培受辱殒命

进入民国之后，随着政局的更迭和观念的除旧布新，在大清朝名誉地位都已经登峰造极的名伶谭鑫培，在新政权下开始走背字，倒霉的事接二连三，一直到一代名伶魂归道山。

民国元年（一九一二），六十六岁的谭鑫培第五次到上海，那是新新舞台的老板黄楚九的邀请，黄楚九打点精神，以"伶界大王"的称号加大宣传力度，当时老谭的表演已经是进入化境，怎么唱怎么有（怎么唱都是精品），搭档好、卖座也好。

当时武丑杨四立正在上海走红，尤其是他的《猪八戒盗魂铃》特别叫座，戏园子老板知道谭鑫培在宫里唱红过这出戏，就要求谭老板也贴一出《盗魂铃》，意思是和杨四立来个"对台"，谭鑫培武生出身也唱过武丑，一时高兴就同意了，一贴出戏码来就卖了满堂（满座）。

上海观众看惯了杨四立扮演的猪八戒从四张半的高台（四张桌子和一把椅子叠在一起）上倒翻下来，年近七十岁的老谭饰演的猪八戒爬上了高台之后，拿了一个大顶，然后做了一下跃的姿势，看一看、摇摇头，便轻轻地爬了下来……其实，这样"归哏"（处理成为笑话）的表演也是很好的"俏头"，用小丑的身份表演猪八戒，也是可以的，可是台下偏偏有一位李姓观众叫起了倒好——谭鑫培无论声望多么高，也挡不住观众叫倒好！

老谭虽然只是心里别扭，可维护老谭的戏园子"巡场"（维护秩序的）打了叫倒好的人。叫倒好的老乡和《娱乐报》又为李姓观众打抱不平，严重抗议戏园老板，闹得第二天谭鑫培都无法正常演戏，最后，戏园子老板和老谭请客赔礼道歉、戏园子答应取消"伶界大王"的徽号才算了事。这件事媒体起劲地炒作、吸引眼球，很是热闹了一阵（见吴性栽《京剧见闻录》），之后，自然是老谭继续演戏，观众仍然满坑满谷。

对于老谭来说，这一次的表演其实只是他对于《盗魂铃》的一种表演方式的创新，也是他在晚年时候善于应变的一次表现。如果是在北京，他的狂热的崇拜者一定会连连叫好，体谅他年将望七，四张半是翻不下来了，还能有很有趣的表演，然而是在上海，虽然只有一个人喝倒彩，怎么说也是一件别扭事，老谭只是习惯于别人叫好，没受过这个"委屈"。

民国二年（一九一三）冬天，大总统袁世凯学着帝王的样子也在府内"传差"演戏，点名要看老谭的《战长沙》。这出戏以前都是汪桂芬和老谭合作，汪桂芬的关羽、老谭的黄忠，老谭面相枯瘠，比不上汪桂芬嗓子好气派大，能够压得住，等于是老谭为汪桂芬配戏，汪桂芬一死，这出戏就挂起来了（不演了）。此次袁大总统传演《战长沙》，谁能够代替汪桂芬呢？老谭在心里按照梨园行的行规琢磨：自然是自己升上去扮演关羽，找一个人为自己配演黄忠，为此，他还新置了一件绿蟒、一身绿靠——自己为了"藏拙"（避开所短），一生都很少动王帽戏和关公戏，这一次就抖擞精神演一次关公戏吧！不料，袁府戏单开出来一看，是王凤卿的关羽，自己还是黄忠！老谭心情不顺："三鼎甲"之间相互配戏还无所谓，自己给一个晚生后辈配戏，怎么说也是别扭……心情怏怏的老谭，临场时候没脱大皮袄就扎上了靠，上了台谁都看得出来他的敷衍了事、心不在焉，袁大公子勃然大怒拿出了权势，要将老谭交给警察局严办，还命令老谭一年不许唱戏。

老谭一家人口多负担重，挣得多开销也大，老谭虽然是名伶，也经不住坐吃山空，一年不让唱戏，也就等于是断了他的生路，辗转托情到和袁大公子说得上话的余叔岩那里，禁令才算是提前撤销。老谭付出的代价是要收余叔岩为徒——余叔岩虽然是配得上给老谭做徒弟，可是，收徒的缘由却好像是被迫无奈，老谭不习惯"被迫"，还是有点别扭。

民国四年（一九一五），谭鑫培

第六次南下上海，回京时候前门东站查抄了老谭携带的烟土、烟膏和烟具，而且罚款二千元……老谭忧愤成病——老佛爷都曾经特许他抽大烟，而今抽大烟却成了"犯法"……延医调治也总是时病时愈，这一年老谭六十九岁，别扭！

民国五年（一九一六），老谭可以上台演出了，戏码却多是《乌龙院》《八义图》《盗宗卷》《南天门》《洪羊洞》《御碑亭》等做工戏，毕竟年纪不饶人。

民国六年（一九一七）四月，谭鑫培旧病又发，名医周立桐为他诊治，医嘱是：安心静养、不可劳累。

四月初八，广东督军陆荣廷来到北京，由步兵统领江朝宗发起，在金鱼胡同那桐府演戏欢迎，先期让戏提调到谭家，约谭鑫培唱戏，谭鑫培不敢随便辞而不赴，就说了个"活话"：到时候病好了去唱《洪羊洞》，江朝宗表示同意。

不料届时老谭的病毫无起色，江朝宗派车去谭宅接人，几次都无功而返，老谭均以病辞，江朝宗的宾客纷纷议论：堂会若是没有老谭的戏实在是减色不少！

江朝宗什么人？军阀！哪能容忍老谭驳了他的面子？马上派官警赶到大外廊营，把个病卧在床的谭鑫培缧绁而至。

谭鑫培由于有了上次在袁府的教训，抱病登台仍然不敢有丝毫的懈怠：

《洪羊洞》中的杨延昭为了盗回父亲杨老令公的骨殖连失孟良、焦赞二将，自己也已是病入膏肓，台上的杨六郎行腔凄婉、低回凄恻、表演悲怆、催人泪下……老谭自己以老病将死之身，还不能不登台献艺为人取乐的悲切、无奈，全在念白唱做之中传达到在场的观众心里——角色与演员的心境已经很难区分开来，这一出《洪羊洞》是为老谭的"绝唱"。

回家之后，病情加剧，卧床不起，医治无效……

沉疴之中回忆一生，想起当年西太后对自己宠幸有加，自己的爱女出嫁时西太后还添了嫁妆（那个有实物照片保存至今的铜盆上面刻有楷书"光绪三十年六月十五日慈禧端佑康颐昭豫庄诚寿恭钦宪皇太后上赏谭金培之女嫁妆铜盆一个"），他不禁生出不胜今昔之感。老谭对家人唏嘘不已："当年大清朝全国禁烟，蒙老佛爷恩准我一人抽烟，升平署传差使，有时我因病请假，老佛爷反派太医到宅诊治，前年由上海带回几两烟土被他们抓了去，罚我二千块，现在我病到这个样子，他们还要我唱戏，真是要我的老命。"（刘菊禅《谭鑫培全集》）老谭是属于大清朝的子民，他跟不上新的、革命的年代。

一九一七年五月十日谭鑫培病逝，年七十一岁，一代名伶的去世就像是一颗星辰陨落了。

老谭像是一本大书，学习他、模

仿他的人浩如烟海，却永远没有人能够达到他的水准，内行的人说是：从他的徒弟余叔岩和余叔岩的徒弟孟小冬的唱片里，可以品出一点老谭的味道——可能那也只是形似于万一而已！

老谭没有留下录像，百代公司在光绪末和民国初两次为他灌制的唱片也只有七张半，九个戏（《卖马》《洪羊洞》《探母》《捉放宿店》《桑园寄子》《乌盆记》《碰碑》《战太平》《打渔杀家》）（见吴小如《罗亮生先生遗作〈戏曲唱片史话〉订补》）。

听听老谭的唱段，让今人可以遥想当年。

出版说明

　　"新编历史小丛书"承自20世纪60年代吴晗策划的"中国历史小丛书"，其中不少名家名作已经是垂之经典的作品，一些措辞亦有写作伊初的时代特征。为了保持其原有版本风貌，再版过程中不做现代汉语的规范化统一。读者阅读时亦可从中体会到语言变化的规律。

　　　　　　　　"新编历史小丛书"编委会

图书在版编目（CIP）数据

谭鑫培 / 么书仪著 . — 北京：文津出版社，
2024.5
（新编历史小丛书）
ISBN 978-7-80554-886-9

Ⅰ. ①谭… Ⅱ. ①么… Ⅲ. ①谭鑫培（1847-1917）
—传记 Ⅳ. ①K825.78

中国国家版本馆 CIP 数据核字（2023）第 172466 号

责任编辑　白　雪
责任印制　燕雨萌
责任营销　猫　娘

新编历史小丛书

谭鑫培
TAN XINPEI

么书仪　著

出　　　版	北京出版集团
	文津出版社
地　　　址	北京北三环中路 6 号
邮　　　编	100120
网　　　址	www.bph.com.cn
总 发 行	北京伦洋图书出版有限公司
印　　　刷	北京汇瑞嘉合文化发展有限公司
经　　　销	新华书店
开　　　本	880 毫米 ×1230 毫米　1/32
印　　　张	3
字　　　数	27 千字
版　　　次	2024 年 5 月第 1 版
印　　　次	2024 年 5 月第 1 次印刷
书　　　号	ISBN 978-7-80554-886-9
定　　　价	24.80 元

如有印装质量问题，由本社负责调换
质量监督电话　010-58572393